Project Management para todos

Los Propósitos de Año Nuevo

Mayte Mata Sivera, PMP

Mayte Mata Sivera

Copyright © 2017 Maria Teresa Mata Sivera, MTM Consulting LLC
All rights reserved.
ISBN-10: 1981101543
ISBN-13: 978-1981101542

A mi familia,

Mayte Mata Sivera

Gracias a todos los participantes de la comunidad ProjectManagement.com por su incalculable ayuda, en especial a todos los que se han ofrecido desinteresadamente a participar en el capítulo de testimonios.

Mayte Mata Sivera

	Prólogo	i
1	**Introducción**	11
	¿Qué es un proyecto?	13
	¿Qué es la Gestión de Proyectos o Project Management?	15
	Los grupos de procesos - La comida de Navidad	16
	Proyecto por fases - La nueva piscina	20
	¿Qué hace un gestor de proyecto?	23
2	**Testimonios**	25
3	**¿Cómo utilizar este libro?**	37
4	**Reflexiona sobre ti mismo**	41
5	**Elaboración de los Propósitos de Año Nuevo**	45
6	**Grupo de Procesos de Inicio**	49
7	**Grupo de Procesos de Planificación**	55
8	**Grupo de Procesos de Ejecución**	91
9	**Grupo de Procesos de Monitoreo y Control**	95
10	**Grupo de Procesos de Cierre**	109
	Anexo	117

Mayte Mata Sivera

PRÓLOGO

¡Project Management para todos!

¿Eres director de proyectos? c ¿Te estás preparando para serlo? ¿Utilizas tus conocimientos profesionales en tu vida diaria? Este libro es perfecto para ti, un pequeño recordatorio de muchos de los conceptos que utilizas en tu trabajo o utilizarás en un futuro. Además, en el apartado de testimonios encontrarás la participación de algunos de los colaboradores en la comunidad virtual projectmanagement.com página web perteneciente PMI[1].

Muchos de los que nos dedicamos a esta profesión, en las reuniones familiares y con amigos, año tras año, pasamos por el mismo interrogatorio - *¿pero qué haces? ¿Cuál es tu profesión?¿A qué te dedicas?* - si *te gustaría que* tus familiares y amigos entendieran a qué te dedicas, o por qué siempre lo planificas y organizas todo de forma exitosa; este es el libro perfecto, pequeño, fácil y el regalo perfecto para todos ellos. Con esta entretenida lectura muchos de tus allegados podrán finalmente entender qué haces diariamente y por supuesto aprenderán a planificar sus Propósitos de Año Nuevo como auténticos profesionales.

Por otro lado, si has recibido este libro como regalo, o simplemente has visto la tapa y has sentido curiosidad. ¡Bienvenido al apasionante mundo de los Project Managers! Este libro no solo te ayudará a entender de qué trabaja tu amigo o familiar, sino que puedes aplicar los conceptos a tu vida diaria, en este caso a conseguir Los Propósitos de Año Nuevo. Sí, sí, muchos Project Managers hacen

---

[1] PMI son las siglas del Project Management Institute, es una organización estadounidense sin fines de lucro que asocia a profesionales relacionados con la Gestión de Proyectos.

eso, utilizan su conocimiento profesional en su vida diaria, ya sea para planificar unas vacaciones como para la reforma de su casa.

No tienes que ser un experto, ni tener cuatro masters o cinco idiomas, con este libro, vas a entender qué es un proyecto con explicaciones sencillas y ejemplos.

Hemos de reconocer que queda "cool" decir Project Manager, pero bueno, vamos a traducirlo Gestor de Proyectos, o Director de Proyectos ¿ves? ya no queda tan *cool*, pero estás entendiéndolo ¡De Nada!

1 INTRODUCCIÓN

¿Qué es un proyecto?

Si revisamos la definición normalizada por el PMI (Project Management Institute)®, en su Guía del PMBOK® dice lo siguiente:

Un proyecto es un **esfuerzo temporal** que se lleva a cabo para **crear** un producto, servicio o **resultado único**.[2]

Entendamos qué es un **esfuerzo**. Sin tener en cuenta complicadas formulas físicas, un esfuerzo es la acción de emplear gran fuerza física o mental con algún fin determinado.

Por tanto un **esfuerzo temporal** implica que trabajo, tiempo y dedicación, tienen una duración determinada, es decir, tienen un principio y un fin.

---

[2]Obtenido de la Guía del PMBOK® Sexta Edición. Página 4. Dicho libro pertenece a la propiedad intelectual de PMI®

¿Qué se entiende por **crear**?, está claro que vas a hacer algo. Puede ser un producto, es decir algo físico y pequeño como un pastel de cumpleaños para tu sobrino; pero también puede ser algo intangible, como un servicio. ¿Te has planteado en empezar tu propio negocio como jardinero? o algo mucho más sencillo como ¿un blog?. La realización de un servicio, o la capacidad para hacerlo, también son considerados proyectos.

No es importante que nuestra creación sea un servicio o un producto, lo más importante es que sean algo **único**.

Por **único** entendemos: algo singular, original, que solo hay uno. Por tanto, no se considerarán proyectos acciones repetitivas como cortar el césped cada semana, revisar el tráfico de tu página web o blog. Este tipo de acciones, son acciones de mantenimiento, y no proyectos. El proyecto en sí consistiría en diseñar, planificar y mantener tu nuevo jardín, o crear una página web o blog en el segundo ejemplo.

¿Qué es la Gestión de Proyectos o Project Management?

La gestión de proyectos, es la aplicación de nuestras capacidades, conocimientos, esfuerzos, herramientas y técnicas para cumplir los objetivos de un proyecto.

Para gestionar, dirigir o liderar bien un proyecto, ya sea grande o pequeño, deberemos separarlo en 5 diferentes **grupos de procesos**[3].

Grupo de procesos de inicio
Grupo de procesos de planificación
Grupo de procesos de ejecución
Grupo de procesos de monitoreo y control
Grupo de procesos de cierre

Diciéndolo así suena complicado y aburrido, pero sin darte cuenta lo has hecho mil veces, en casa, con tus hijos, con tus amigos y ni siguiera habías sido consiente de ello.

---

[3] Grupos de procesos definidos y obtenidos según PMBOK® Sexta Edición. Dicho libro pertenece a la propiedad intelectual de PMI®

Los grupos de procesos - La comida de Navidad

Para entender un poco mejor los grupos de procesos revisaremos el siguiente ejemplo, LA COMIDA DE NAVIDAD.

Grupo de procesos de inicio

¡Sorpresa! tu hermano no quiere este año celebrar la comida de Navidad en su casa porque ya la organizó el año pasado. En casa de tus padres está claro que ya no cabéis todos…¡cha chaaaaan!

¡Enhorabuena!, Ahora que ya ha sido aprobado el acuerdo por mayoría, no te puedes escapar. Este año eres el/la organizador/a de la comida de Navidad.¡Qué comience la fiesta!

Lo más seguro es que empieces pensado: a ver cuántos somos y si cabemos todos en el salón, ¿correcto?

¡Felicidades, acabas de iniciar un proyecto!

Grupo de procesos de planificación

El siguiente paso sería pensar en el menú, qué tienes que comprar, cuándo lo tienes que comprar, y si lo vas a cocinar todo el mismo día o tienes algún aperitivo o postre en tu menú que se pueda preparar con anterioridad. También será importante que pienses el presupuesto que tienes, los riesgos como dónde sentar a tu cuñado para evitar que discuta con toda la familia los resultados de la liga o los últimos acontecimientos electorales.

Grupo de procesos de ejecución

A medida que se acerca el día llega el momento de ejecutar, ir a comprar, informar a los invitados de la hora a la que quieres que asistan, y preparar la comida.

El proceso de ejecución continuará durante la comida, donde empezarás a recibir a la gente y servir la comida.

Grupo de procesos de monitoreo y control.

Al mismo tiempo que estás recibiendo a los invitados, sirviendo la comida o comiendo, seguro que estás mirando a tu alrededor:¿hay suficiente pan?, ¿se ha terminado el vino?, además le preguntas a tus invitados si están disfrutado de la comida, o la calefacción tiene una temperatura adecuada.

Durante la realización del proyecto los procesos conocidos como ejecutar, monitorear y controlar interactúan entre ellos, es decir, los puedes y debes realizar al mismo tiempo.[4] En la siguiente figura te representamos los grupos de procesos de forma gráfica[5]:

---

[4] En proyectos que son muy adaptativos a menudo se realizan todos los grupos de Procesos de Dirección de proyectos de forma continua, tal y como se recoge en el Gráfico X3-3 del Apéndice X3 - Entornos de proyectos Ágiles, iterativos, adaptativos e híbridos de la guía de PMBOK Sexta Edición.

[5] Suponiendo un entorno no ágil o adaptativo.

Figura 1 - Grupos de procesos[6]

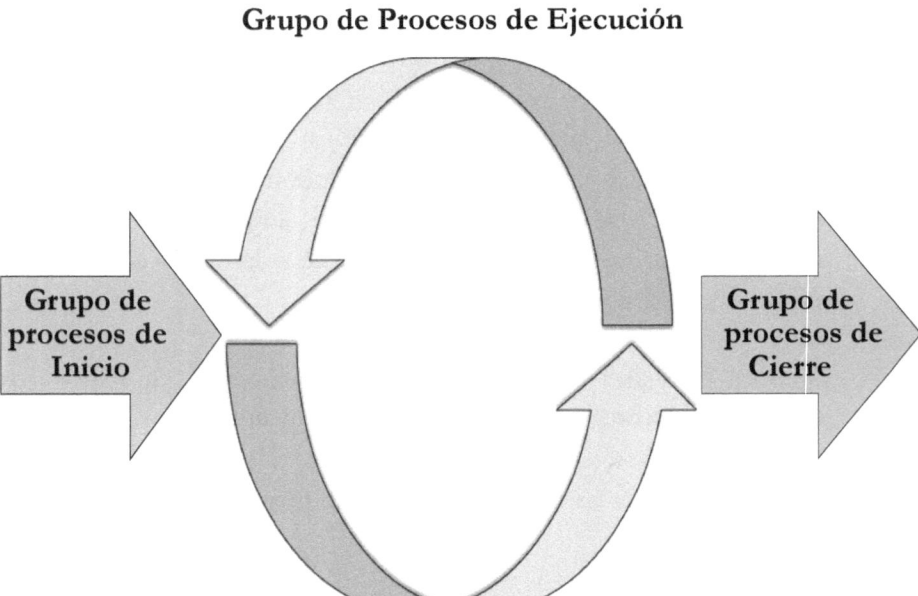

---

[6] Figura 1 basada en el Gráfico 3.4 – Límites del proyecto incluida en la página 54 del libro Guía de los fundamentos para la dirección de proyectos (Guía del PMBOK®) - Quinta edición.

Grupo de procesos de cierre.

Llegó el momento en el que se ha ido todo el mundo de tu casa, está completamente recogida, te sientas en el sofá y te dices a ti mismo, *"por fin, ya está, se acabó, cada uno en su casa y yo me voy a beber una copa para celebrarlo, y el año que viene comemos en un bar"*. Ese momento de reflexión, de análisis y seguro que un poco de celebración constituye el último grupo de procesos.

Los grupos de procesos que acabamos de mostrar son la clasificación principal que van a incluir todo el esfuerzo necesario para realizar un proyecto.

Pero ¿Qué ocurre en caso de proyectos más grandes? Generalmente se suele separar el proyecto en fases y dependiendo del proyecto habrá un número diferente de fases.

No existe una técnica o estructura ideal de dichas fases, depende mucho del proyecto que se esté realizando, y en caso de estar trabajando para una organización, hay que tener en cuenta cómo es dicha organización.

Lo que siempre se debe recordar es que cada una de las fases del proyecto, deberá constar de los 5 grupos de procesos anteriores.

Pongamos un ejemplo de proyecto por fase: Construir una piscina en nuestra casa.

Proyecto por fases - La nueva piscina

Este año sí, no podemos pasar un año más sin piscina. Llevamos años construyéndola mentalmente, durante años, y este año nos hemos decidido a construir una.

★ FASE 1 - Análisis y permisos

- Grupo de procesos de inicio: Verificaremos con la autoridad competente la necesidad de un permiso de obras.

- Grupo de procesos de planificación: Haremos varias reuniones con contratistas y albañiles para que nos den presupuestos de la obra.

- Grupo de procesos de ejecución: Solicitaremos a las autoridades competentes el permiso de obra. Analizaremos las diferentes propuestas de los contratistas con nuestro presupuesto.

- Grupo de procesos de monitoreo y control: Verificaremos que tenemos toda la documentación correcta.

- Grupo de procesos de cierre: Elegimos una empresa para la obra y obtenemos los permisos necesarios.

★ FASE 2 - Construcción

- Grupo de procesos de inicio: Avisamos al contratista que puede empezar la obra.
- Grupo de procesos de planificación: Acordamos los plazos de entrega y pago.

- Grupo de procesos de ejecución: Los albañiles empiezan las obra.

- Grupo de procesos de monitoreo y control : Mientras se ejecuta la obra, la visitamos para controlar el estado de la obra.

- Grupo de procesos de cierre: Cerramos el contrato, pagamos al contratista y llenamos la piscina.

★ FASE 3 - Llenado de la piscina y fiesta

- Grupo de procesos de inicio: Se ha terminado la obra, pero se debe secar la pintura.

- Grupo de procesos de planificación: Revisamos la previsión meteorológica. ¡Buenas Noticias!, no va a llover, con lo que se puede llenar la piscina la próxima semana.

- Grupo de procesos de ejecución y Grupo de procesos de monitoreo y control: Se llena la piscina, invitamos a los amigos y a la familia ¡A ver cuántos caben! se mete el perro, la abuela,¿y la orca? ¡Qué lástima! ...tras varias conversaciones con el acuario, no nos la han dejado.

- Grupo de procesos de cierre: Le hacemos una foto a la piscina y se la enviamos a nuestros cuñados, que como han preferido ir al chiringuito de la playa que venir a casa queremos darle envidia de alguna forma.

Hay que tener en cuenta que este ejemplo ha sido explicado de forma simplificada, lo que pretendíamos es que quedara claro el concepto de un proyecto, los grupo de procesos y las fases.

Figura 2 – Grupos de procesos

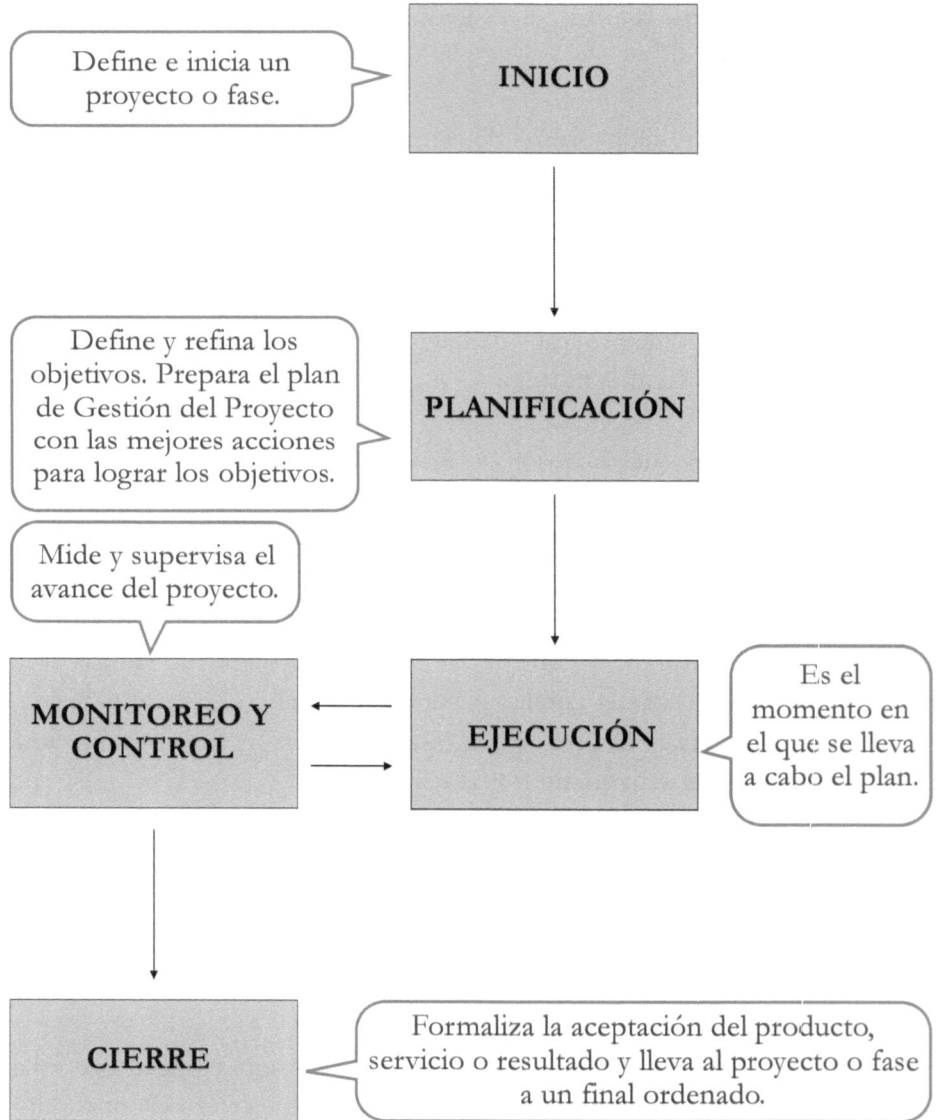

¿Qué hace un gestor de proyecto?

El Gestor de Proyectos, Director de Proyectos, Jefe de Proyectos o Project Manager es la persona asignada para liderar al equipo y el responsable de alcanzar el resultado esperado.

Las características principales de un buen gestor de proyectos son el liderazgo, el trabajo en equipo, la motivación, la comunicación, la toma de decisiones, la negociación y la gestión de conflictos. Palabras que pueden sonar muy técnicas, pero al fin y al cabo todos algunos de nosotras ya las tenemos, las ponemos en práctica o incluso las intentamos mejorar.

Por lo tanto, debes empezar a asumirlo, eres el Gestor, Director o Jefe de Proyectos de tu casa, de la comida de Navidad o de la asociación de padres del colegio.

En este libro, te vamos a guiar, para que descubras técnicas y herramientas para utilizar los cinco grupos de procesos, en algo tan sencillo como los Propósitos de Año Nuevo. Vamos a intentar hacerlo con ejemplos cotidianos, y al mismo tiempo iremos introduciendo nuevos conceptos de gestión, así como técnicas y herramientas que podrás utilizar cada vez que te propongas una nueva meta no solo profesional, sino también personal.

Antes de empezar, debemos informarte que en la gestión de proyectos profesional, dentro de cada grupo de procesos, existen varias áreas de conocimiento[7] en las que el Gestor de Proyectos o

---

[7] En la guía del PMBOK 6ª Edición existen 10 áreas de conocimiento, gestión de integración de proyecto, gestión del alcance de proyecto, gestión del cronograma del proyecto, gestión de los costos del proyecto, gestión de la calidad del proyecto, gestión de los recursos humanos del proyecto, gestión de las comunicaciones del proyecto, gestión de los riesgos del proyecto, gestión de las adquisiciones de proyecto, gestión de los interesados de proyecto.

Project Manager (el que lleva detrás de su nombre la etiqueta, PMP ®) suele conocer, gestionar y liderar a nivel experto.

2 TESTIMONIOS

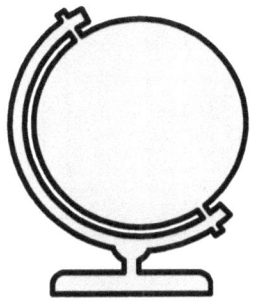

La Gestión de Proyectos no es algo local, generacional por mucho que hayas oído este tipo de comentarios.

Los últimos datos reportados por PMI® en 2016 mostraban que dicha comunidad estaba formada por:

- Más de 10.000 voluntarios alrededor del mundo.

- Más de 740.000 Gestores de Proyectos certificados (PMP ®), donde más de la mitad viven fuera de los Estados Unidos de América y 1 de cada 6 en China.

Ahora que ya conoces qué es un proyecto y qué hacen los gestores de proyecto, te vamos a presentar a algunos gestores de proyecto, de diferentes ámbitos, industrias, y culturas.

Ellos son verdaderos profesionales que utilizan el conocimiento adquirido durante sus años de experiencia profesional también en su vida diaria.

Con sus experiencias podrás entender y aprender un poco más sobre cómo la gestión de proyectos es algo globalmente extendido y que es una herramienta útil para la vida diaria.

Elizabeth Harrin, FAPM

Certificaciones:PRINCE2, MSP, APMP

Industrias en las que está especializada: Sanidad.

Título actual: Program Manager (GirlsGuideToPM.com)

Elizabeth Harrin, además de haber realizado colaboraciones en algunos libros, es autora de libros dirigidos a gestores de proyecto en inglés como:

- Social Media for Project Managers (ISB 1935589113)
- Shortcuts to Success: Project Management in the Real World (ISB 1780171714)
- Project Management in the Real World (ISBN1902505816)

" He de reconocer que planifiqué toda mi boda utilizando MS Project[8]. Fue una manera muy conveniente de poder hacer un seguimiento sobre las tareas que necesitaban ser hechas y quién debía realizarlas. Además, teníamos una fecha fija, ¡la fecha de mi boda era inamovible!

Empecé desglosando las actividades grandes en tareas más pequeñas, así podía analizar lo que implicaba realmente. Escribí y detallé todo en el plan, para no olvidarme de ninguna de las actividades.

---

[8] Microsoft Project (o MSP) es un software de administración de proyectos diseñado, desarrollado y comercializado por Microsoft para asistir a administradores de proyectos en el desarrollo de planes, asignación de recursos a tareas, dar seguimiento al progreso, administrar presupuesto y analizar cargas de trabajo.

Teníamos un presupuesto objetivo en mente, y aunque teníamos un poco de dinero de contingencia, quería saber a dónde iba nuestro dinero. Por eso, creé una hoja de cálculo muy similar a las que utilizo diariamente en el trabajo para el seguimiento de los costes del proyecto.

¡Funcionó muy bien, y terminamos el proyecto a tiempo!"

Stéphane Parent -Prince Edward Island, Canada

Certificaciones: ITIL Fundaciones, PMP, PMI-SP, PMI-RMP

Industrias en las que está especializado: IT, Sanidad, Plantas de Fabricación y organismos gubernamentales.

Título actual: Consultor Ejecutivo

"Utilizo y mejoro mis habilidades de gestión de proyectos, como la comunicación, en mis actividades, eventos y charlas en el club Toastmaster[9]."

---

[9]Toastmasters International es una organización mundial no lucrativa de comunicación y liderazgo. A través de clubes, los miembros de Toastmasters practican la comunicación oral y el liderazgo

Prateek Guapa - Haryana y Gurgaon, India y New Jersey, Estados Unidos

Certificaciones: PMP, CSM

Industrias en las que está especializado: IT[10]

Título actual: Senior Manager, Gestor de Programas.

"Lo mejor que la Gestión de proyectos me ha enseñado en mi vida personal es la gestión del cambio. Planeamos muchas cosas pero se desvían de la forma en la que los alineamos. El cambio no es malo, la incapacidad para manejar el cambio lo es".

Allen Flaherty - South Carolina, Estados Unidos

Industrias en las que está especializado: Sanidad e IT

"Aprender y trabajar a través de los diferentes Grupos de Procesos que aprendemos en Gestión de Proyectos ha sido vital en mi propia vida personal. Estos procesos son vitales para cualquier persona, por ejemplo con la compra de la primera casa. Se debe empezar recopilando toda la información por adelantado y se finaliza la realización del proyecto durmiendo en el nuevo hogar.

Es un proceso muy largo, que debe ser pensado estratégicamente ya que suele ser una de las compras más importantes que hace cualquier persona."

---

[10]IT es la abreviatura de Information y tecnología. Es como se conoce muchas veces a los departamentos de informática de las empresas

Aaron Porter - Utah, Estados Unidos

Certificaciones: PMP, CSM, CSPO

Industrias en las que está especializado: IT en Industrias relacionadas con el cuidado personal.

Título actual: Gestor de Proyectos.

 "Yo era de los que trataba de mantener mi vida profesional y personal separados, hasta que decidí convertir mi hobby de coleccionar cuchillos en la fabricación de cuchillos.

Comencé por unirme al club local de herrería e ir a clases. A partir de ahí, me tiré a la piscina en el intento de establecer mi propio taller. El resultado fue el más probable: mis herramientas eran inadecuadas y no disponía de suficiente espacio para usarlas todas.

Después de varios intentos fallidos, me di cuenta de que había llegado el momento de tratar mi nueva afición como un proyecto exitoso.

Me senté y documenté mi visión de cómo debía hacer los cuchillos. Documenté los componentes de los cuchillos que quería hacer, las herramientas necesarias para hacerlos y la formación necesaria para tener éxito.

Al enfocarme en las características que quería desarrollar, pude crear un plan y un mapa de ruta para preparar mi taller y empezar a hacer mis propios cuchillos. Ahora, sigo trabajando para conseguir el presupuesto ..."

Andrew Craig -Pennsylvania, Estados Unidos

Certificaciones: PMP, CKM, MCP, MCSA, CST

Industrias en las que está especializado: IT, Servicios Financieros (Seguros).

Título actual: Gestor de Proyectos.

"Utilizo mis conocimientos de gestión de proyectos para la preparación de mis carreras de mountain bike. Planeando y ejecutando mi estrategia, monitoreando mi desempeño y los elementos que lo rodean, controlando mis esfuerzos y acciones. Por último, revisando los resultados de mi carrera, y por supuesto, planeando la próxima utilizando las lecciones aprendidas"

Criss Casey - New Hampshire, Estados Unidos

Industrias en las que está especializado: Consultoría y SaaS[11]

"Generalmente cada vez que voy a comprar al supermercado lo hago como un ejercicio de gestión de proyectos. Mi objetivo del proyecto ir al supermercado es conseguir todo lo que necesito invirtiendo el menor tiempo posible.

Mi plan se basa principalmente en que antes de salir de casa desarrollo una lista con todos los productos que necesito, incluso los suelo ordenar en función del diseño de la tienda.

Esto me permite recorrer la tienda en el menor tiempo posible y no gastarme más dinero del que tenía previsto."

---

[11] Software como un Servicio, abreviadamente ScuS (del inglés: Software as a Service, SaaS.

Vincent Guérard- Montreal, Canada

Certificaciones: BAA, PMP, PMI-RMP, PRINCE2

Industrias en las que está especializado: Construcción, Ingeniería, IT y Otras.

Título actual: Consultor freelance en gestión de riesgos.

"Me he dado cuenta de que a lo largo de mi vida he hecho muchas cosas inspiradas y basadas en la guía del PMBOK®.

Echando la visa atrás, puedo confirmar que los conocimientos en gestión de proyectos influyeron en decisiones importantes de mi vida personal, desde la selección del hogar, pasando por la realización de mejoras en mi casa o incluso en la educación de mis hijos.

Por ejemplo, hace unos años, tuvimos que rehacer el drenaje externo de nuestra casa nueva, antes de hacer cualquier otro trabajo en el sótano. Hice un pequeño plan de ejecución. En mi plan incluí quitar la terraza y cualquier planta que queríamos mantener. Evalué el tiempo necesario para preparar las cosas. Contacté con cuatro empresas locales que me enviaron sus propuestas y las evalué.

Impliqué a toda la familia en la parte de desmontaje, y nos encontramos con algunas sorpresas. No podíamos desmontar la terraza que inicialmente había planeado, por lo que tuvimos que demolerla.

Este cambio supuso un aumento importante en el esfuerzo planeado. De todos modos, logramos terminar a tiempo para que el subcontratista comenzara a tiempo.

El subcontratista encargado de la reforma indicó en su plan que tardaría una semana, pero también se retrasó un día.

No pudimos empezar la reconstrucción de la terraza hasta la primavera siguiente, ya que nos informaron que debíamos esperar a que transcurriera todo el invierno para tener un suelo más compacto.

Fue una experiencia familiar agradable trabajar con mi cónyuge e hijos dentro de las limitaciones de cada uno.

En retrospectiva el proyecto salió bien, se nos añadieron muchos riesgos que no tenía previstos y que tuve que adaptar respecto al alcance del proyecto, añadiendo algunos costes.

Ahora podemos disfrutar de una terraza agradable, en el corazón de la ciudad y sentirnos como si viviéramos en las afueras. En el proyecto pasamos por iniciación, planificación, ejecución, monitoreo y control hasta el cierre del proyecto.

Fue una experiencia de aprendizaje interesante, no solo para mí, sino también para mis hijos, que adquirieron conocimientos de construcción y gestión de proyectos."

Rami Kaibni - British Columbia, Canada

Certificaciones:PMP

Industrias en las que está especializado: Construcción, Oil y Gas.

Título actual:Gestor de Proyectos.

 " He estado usando la gestión de proyectos en mi vida cotidiana desde hace muchos años, pero por supuesto de manera informal (es decir, no preparo el acta de aceptación del proyecto para mis proyectos personales).

Una de las cosas que planeo mensualmente es el "Presupuesto de gastos":

Primero, preparo un presupuesto anual para todos los gastos de las diferentes categorías (gas, comestibles, gastos personales, ocio, etc.).

A continuación, distribuyo ese presupuesto para cada mes con una cierta contingencia.

Monitoreo los gastos semanalmente para asegurar que me mantenga dentro del presupuesto. Si excedo el presupuesto en una cierta categoría, intento compensar en otra categoría o compensar eso en el mes próximo.

Al final del año, vuelvo a hacer mis cálculos y ver cómo mis gastos se comparan con mi presupuesto y ver dónde me desvié. Así anoto las lecciones aprendidas para el próximo año".

3. ¿CÓMO UTILIZAR ESTE LIBRO?

Este libro, además de pretender ser una lectura amena y enseñarte a gestionar tus nuevas metas y objetivos como un profesional, cuenta con una tablas, ejemplos y ejercicios para facilitarte la comprensión. Durante los diferentes capítulos te iremos presentando cada uno de los grupos de procesos, junto con varios ejemplos, trabajando siempre el mismo proyecto CUMPLIR LOS PROPÓSITOS DE AÑO NUEVO.

Existen varios tipos de personas, los que les encanta subrayar y marcar los libros, y aquellos que tras leer un libro continua como recién sacado de la librería.

Cuando se trata de libros con ejercicios o tablas para completar, pasa exactamente lo mismo, algunos de vosotros preferiréis ir completando el libro a medida que vais leyendo, mientras que otros preferiréis completarlo todo al final.

Si te encuentras en el grupo de os que prefiere leer todo el libro, y completar los ejercicios en un futuro, al final del libro, en el Anexo, se recogen los ejercicios para que lo puedas completar.

Sabemos que algunos de vosotros sois muy organizados y tenéis vuestra propia agenda o libreta en la que vais escribiendo vuestros progresos diarios, siempre puedes dibujarte tu mismo las tablas y ejercicios en tu libreta para que se adapten a tu forma de trabajar.

Da lo mismo que seas de subrayar y marcar libros, que tengas tu propia libreta de progresos o que por el contrario prefieras esperarte a leer todo el libro para empezar a trabajar en tus propósitos. Lo importante, es que no te saltes ninguno de los capítulos y ejercicios que te presentamos para LOGRAR completar los Propósitos de Año Nuevo como lo hacen los profesionales

4 REFLEXIONA SOBRE TI MISMO

Antes de empezar con la elaboración de los nuevos propósitos, te proponemos que realices un pequeño ejercicio.

Intenta recordar los propósitos más importantes de los años anteriores. Puedes anotarlos a continuación:

Propósito	Año

A continuación sé sincero contigo mismo, ¿los cumpliste? ¿Si? ¿No? ¿a medias?…Ahora viene la parte más complicada, intenta pensar porqué no los cumpliste, ¿acaso no te los tomaste en serio? ¿Perdiste la motivación? Te recomendamos que no solo pienses en la respuestas, sino que también las anotes en la siguiente tabla.

Es importante que no solo analices y anotes aquellos que cumpliste sino que también los que no cumpliste o te quedaste a medias.

El simple hecho de completar esta tabla te ayudará a entender qué te ayudó a ser firme en tus propósitos, o cuales son tus debilidades.

Ser consciente de ello y tenerlo presente te ayudará a lo largo de todo este libro y sus ejercicios.

Propósito	¿Lo cumpliste?	Notas

5 ELABORACIÓN DE LOS PROPÓSITOS DE AÑO NUEVO

Entre un 50% y un 60% de las personas se marcan metas para el Año Nuevo, pero solo el 8% logra alcanzarlas. Parece desolador, ¿verdad?

Posiblemente los principios de año están llenos de buenos propósitos, de metas y de objetivos que muchos de nosotros no solemos cumplir.

Todos los años volvemos a decir lo mismo - *"este año lo cumplo"* - sin embargo; año tras año, vamos reciclando y acumulando tareas que hemos anotado durante el año anterior.

Durante los últimos años me he dado cuenta de que en mi entorno profesional, muchos de mis compañeros han ido cumpliendo todos y cada uno de los Propósitos de Año Nuevo que se habían propuesto, ¡incluida yo! parece increíble, ¿verdad?

Sinceramente, no es tan difícil como parece, solo se trata de considerar los Propósitos de Año Nuevo como un proyecto. Utilizando los cinco grupos de procesos, no necesitarás justificarte el año que viene.

Si bien es cierto que el arranque de año es la época idónea para hacerlo, ¿por qué esperar hasta entonces? aprovecha al mismo tiempo que vas leyendo este libro para ir creando y desarrollando tu propio proyecto.

¿Listos? Empecemos.

6 GRUPO DE PROCESOS DE INICIO

Generalmente cualquier proyecto empieza con lo que se conoce como el **Acta de Constitución del Proyecto.** Se trata de redactar y escribir a modo de tabla cuál es la intención del proyecto.

En el caso de los Propósitos de Año Nuevo podría ser algo como lo se muestra en la siguiente tabla:

Tabla 1 – Propósitos de Año Nuevo

Nombre del proyecto - Propósitos de Año Nuevo	
Fecha de inicio	Completa con la fecha que vas a empezar a trabajar en el primer propósito. Recuerda que no tienes porqué esperar a qué llegue finales de año, puedes empezar cuando creas más oportuno.
Fecha de Fin	Completa con la fecha en la que pretendes terminar tus propósitos. En caso de que estés completando esta tabla para un solo propósito, indica claramente la fecha limite para tenerlo cumplido.
Project Manager	Tú y solo tú. Completa con tu nombre

Nombre del proyecto - Propósitos de Año Nuevo	
Identifica a los interesados	Aunque tú serás a el/la responsable único/a de lograr todos los propósitos de año nuevo, ten en cuenta, que en conseguir algunas metas como dejar de fumar, ir al gimnasio, hacer dieta, siempre es recomendable que lo compartas con familiares y amigos. Ellos te serán de mucho apoyo. Si estás redactando propósitos profesionales, mejorar la comunicación, llegar puntual a la oficina…etc. será importante que en este caso identifiques a tus compañeros de trabajo como posibles interesados.
Objetivo principal del proyecto	El objetivo principal de este proyecto es establecer unos propósitos claros y cumplirlos.
Objetivos específicos	Aunque los objetivos detallados los redactarás durante la ejecución del siguiente grupo de procesos, puedes utilizar este apartado para clasificar los diferentes tipos de objetivos. Propósitos Personales: • Vacaciones y escapadas • Relaciones personales, con la pareja, con los hijos • Salud Física • Finanzas Propósitos Profesionales: • Aprendizaje • Carrera profesional • Idiomas
Alcance del proyecto	Este proyecto consiste en elaborar de forma clara y específica todos los Propósitos de Año Nuevo.

Nombre del proyecto - Propósitos de Año Nuevo	
Fuera de proyecto	Debes recordar que las expectativas, sueños y deseos no son propósitos claros. Deben quedar completamente fuera del proyecto
Recursos	Analiza en este apartado, qué necesitas para cumplir tus objetivos de año nuevo. Intenta clasificarlos en las siguientes categorías Externos: • Tiempo • Dinero • Energía Internos: • Disciplinas • Sociabilidad • Networking o red de contactos.

Te recomendamos que completes el siguiente ejercicio para crear tus Propósitos de Año Nuevo.

Ejercicio 1 - Acta de constitución del proyecto Propósitos de Año Nuevo

Nombre del proyecto - Propósitos de Año Nuevo	
Fecha de inicio	
Fecha de Fin	
Project Manager	
Identifica a los interesados	
Objetivo principal del proyecto	
Objetivos específicos	Propósitos Personales Propósitos Profesionales
Alcance del proyecto	
Fuera de proyecto	
Recursos	Externos Internos

7 GRUPO DE PROCESOS DE PLANIFICACIÓN

Este es el proceso clave para cualquier proyecto. Generalmente todo el mundo empieza el año con un espíritu lleno de energía e ilusión, con una enorme lista de buenas intenciones y propósitos muy ambiciosos. Sin embargo poca gente llega a cumplir la mayoría de sus propósitos y básicamente se debe a lo siguiente:

- **Reciclamos propósitos de un año al siguiente.**

Si a mitad de año vemos que no estamos consiguiendo nuestro propósito, generalmente lo abandonamos y pensamos *"bueno, el año que viene será".*

Uno de los propósitos que más se suele aplazar es el de dejar de fumar, lo dejo a los 30, lo dejo a los 40 y así sucesivamente, pero nunca se deja. Junto con éste, los propósitos más abandonados están relacionados con el aprendizaje de algún idioma nuevo, o actividad artística.

El reciclaje de propósitos suele llevar a un profundo estancamiento, no solo personal, sino también profesional.

- **Procrastinación.**

¿Qué es eso? Procastinar es una palabra que viene del latín *procrastinare*: donde *pro* indica adelante, y *crastinus* se refiere al futuro, y que ahora se ha puesto de moda en los ambientes laborales.

Significa postergar, posponer o retrasar aquellas actividades que debemos hacer o atender para hacer otras que realmente son más irrelevantes y/o agradables.

Pongamos un ejemplo; la profesora de inglés ha pedido un pequeño ensayo para el próximo día de clase, pero están haciendo una película que te apetece ver - *"mmm o pasa nada, miro la película y luego lo hago"* -, eso es procrastinar.

Pero, ¿Por qué solemos procrastinar con los Propósitos de Año Nuevo? Generalmente, porque hemos definido metas o propósitos que no nos motivan.

Bueno, pero no te preocupes, siguiendo los siguientes consejos, y ahora que ya conoces la palabra procrastinar, puedes llegar a crear el plan perfecto y evitarlo.

- **Toma tu tiempo.**

El 31 de diciembre, mientras te comes las uvas[12], o brindas celebrando la entrada de Año Nuevo, no es momento para planificar tus propósitos ni para definir nuevos. Recuerda que el 31 de diciembre sueles estar rodeado de la emoción y la euforia del momento, no te dejes llevar por el momento ni contagiar por tus familiares y amigos. El 31 de diciembre, tus propósitos ya deberían estar analizados y planificados.

- **Crea claras categorías de tus propósitos.**

Vuelve a revisar el Ejercicio 1. Allí te hemos propuesto una serie de categorizaciones y grupos para tus objetivos, como pueden ser personal, o profesional, mejoras en tu educación o salud. Puede que no las necesites todas, o puede que necesites alguna categoría más, dependerá de tus Propósitos de Año Nuevo. Lo más importante es que comprendas que al separar los propósitos en categorías te será más sencillo, no solo organizarte, sino también analizar durante los procesos de control los motivos de tu grado de avance o retraso.

---

[12] Durante la noche del 31 de Diciembre es tradición española, mientras se realiza la cuenta atrás para entrar en Año Nuevo ir comiendo uvas al ritmo de las campanadas que marcan los doce segundos de la cuenta atrás.

- **Incluye fechas límites.**

Recuerda todos tus propósitos deben tener una fecha de inicio y una fecha de fin. Ten claro, que no todos los objetivos tienen porqué empezar el 1 de enero y terminar el 31 de diciembre.

Además, para algunos propósitos, como dejar de fumar, los expertos recomiendan elegir una fecha clave, como el día de tu cumpleaños el aniversario de boda o la fecha de nacimiento de tus hijos.

Otros propósitos, como los que van ligados a la educación, ya sea un curso de inglés o de piano, suelen seguir los horarios escolares, con lo que no tendría ningún sentido que tu fecha de inicio fuera el primero de enero, si las clases comienzan en septiembre.

- **Elige propósitos que realmente te motiven.**

Has ido a pasear por la playa y en el bar de moda has visto a un *hipster* tocando el ukelele, te ha parecido super *cool* y tú también quieres ser tan *guay* como él.

Has descubierto tu nuevo sueño, aprender a tocar el ukelele. Lo más probable es que compres el ukelele, con un poco suerte encontrarás una oferta que te permitirá pagar por adelantado 6 meses ¡pedazo chollo!

Seguramente, pasados los dos primeros meses, dejarás de ir a clase, tendrás mil excusas, quedarás con fulanito o meganito, aceptarás incluso la invitación para cenar en casa de tus cuñados… y por tanto empezarás a procrastinar - *ahora ya sabes lo que quiere decir* - dejarás de ir a clase y el ukelele se lo intentarás vender a tu vecino del quinto.

No elijas sueños elige propósitos, objetivos, y lo más importante que te motiven.

- **Usa frases en positivo.**

Se trata de escribir lo que realmente quieres conseguir, no aquello que tratas de evitar.

Cuando redactes tu plan de propósitos, recuerda, intenta cambiar las expresiones *"quiero dejar de vaguear en mi tiempo libre"*, por *"quiero hacer una ruta de senderismo una vez al mes"* o *"Quiero ver menos la tele"* por *"Quiero ver leer más"*.

- **Especifica con detalle tus objetivos.**

Si utilizas objetivos ambiguos, obtendrás resultados ambiguos. Por ejemplo, *"estudiar para la certificación de inglés"* frente a *"dedicar 1 hora diaria para preparar la certificación de inglés en seis meses"*.

Al indicar tiempos, no solo estás siendo más específico, sino que también te resultará mucho más fácil monitorear y controlar el avance de tus propósitos.

Tras los consejos generales ha llegado el momento de empezar a trabajar el plan detallado, para ello debemos empezar recopilando los requisitos.

En gestión de proyectos, se conoce como **Recopilar Requisitos** al proceso de determinar y documentar nuestras necesidades para cumplir los objetivos del proyecto. En nuestro caso, el objetivo tal y como lo hemos definido en la Tabla 1 es definir unos propósitos claros para los Propósitos de Año Nuevo y cumplirlos.

Tabla 2 - Recopilar requisitos para el proyecto Propósitos de Año Nuevo

	Requisitos
Requisito 1	Salud: Perder 10 Kg de peso para estar más sano y ágil.
Requisito 2	Profesional: Mejorar mi nivel de Inglés. Obtener el título B2.

Completa el siguiente ejercicio con tu recopilación de requisitos:

Ejercicio 2 - Definir Requisitos para el proyecto Propósitos de Año Nuevo

Requisitos - ¿Qué es lo que quiero conseguir? ¿A dónde quiero llegar?
Requisito 1
Requisito 2
Requisito 3
Requisito 4
Requisito 5

Una vez analizados los requisitos, debemos trabajar en la **Gestión del Tiempo**.

Para realizar una correcta gestión del tiempo, lo primero que haremos será definir las actividades que podríamos realizar para satisfacer los requisitos que hemos definido.

Es decir, definir las actividades se corresponde con el proceso de identificar y escribir las acciones que podemos hacer para cumplir con los requisitos anteriores.

En algunos casos, nosotros mismos no podemos o no debemos definir las actividades, como sería el caso de perder peso, dado que generalmente requiere las directrices de un médico, nutricionista, farmacéutico o profesional.

Para la siguiente tabla, asumimos que el profesional nos ha recomendado que debemos seguir una dieta y hacer ejercicio.

Tabla 3 - Definir actividades para el proyecto Propósitos de Año Nuevo

Número de Actividad	Actividades - Acciones
A1	Comer fruta y verdura
A2	Caminar
A3	Correr
A4	Ir al gimnasio
A5	Ir a clase de inglés
A6	Participar en encuentros de conversación

Como vemos para obtener el Requisito 1, hemos definido 4 actividades, mientras que para el Requisito 2, hemos definido dos.

Es importante entender que no todos los requisitos necesitan corresponderse con el mismo número de actividades.

Completa el siguiente ejercicio con aquellas actividades que consideras que puedes y debes realizar para conseguir tus metas u objetivos.

Ejercicio 3 - Definir actividades para el proyecto Propósitos de Año Nuevo

Número de Actividad	Actividades - Acciones
A1	
A2	
A3	
A4	
A5	
A6	
A7	
A8	
A9	
A10	
A11	
A12	
A13	
A14	
A15	

El siguiente paso consiste en **estimar los recursos de las actividades**[13]. Como estamos trabajando con las actividades relacionadas con el proyecto Propósitos de Año nuevo, sólo vamos a estimar el tiempo que dedicaremos a cada actividad.

Tabla 4A - Estimar el tiempo de las actividades para el proyecto Propósitos de Año Nuevo

Actividades - Recursos (tiempo)		
Actividad	Frecuencia	Duración de la actividad
Actividad 1- Comer fruta y verdura	5 al día	
Actividad 2 - Caminar	3 veces a la semana	1 hora
Actividad 3 - Correr	2 veces a la semana	1 hora
Actividad 4 - Ir al gimnasio	2 veces a la semana	1 hora
Actividad 5 - Ir a clase de inglés	2 días a la semana	2 horas
Actividad 6 - Participar en encuentros de conversación	1 dia al mes	2 horas

---

[13]Este es el proceso de estimar los materiales, personas, el tiempo que dedicaremos a cada actividad.

Tabla 4B - Estimar el tiempo de las actividades para el proyecto Propósitos de Año Nuevo

Actividades - Recursos (tiempo)		
Actividad	Periodo de tiempo en el que planificas realizar la actividad	Día
Actividad 1- Comer fruta y verdura	Todos los días	
Actividad 2 - Caminar	Enero - Mayo	L, X, V
Actividad 3 - Correr	Abril -Sep.	M, S
Actividad 4 - Ir al gimnasio	Junio - Diciembre	L, X
Actividad 5 - Ir a clase de inglés	Sep.-Agosto	M, J
Actividad 6 - Participar en encuentros de conversación	Octubre - Agosto	1er S de mes

Es importante que a la hora de planificar tus actividades, puedas conocer los horarios de las clases, para completar el ejercicio con mayor detalle.

Ejercicio 4A- Estimar el tiempo de las actividades para el proyecto Propósitos de Año Nuevo

Actividades - Recursos (tiempo)		
Actividad	Frecuencia	Duración de la actividad

Ejercicio 4B- Estimar el tiempo de las actividades para el proyecto Propósitos de Año Nuevo

Actividades - Recursos (tiempo)		
Actividad	Periodo de tiempo en el que planificas realizar la actividad	Día

Al identificar los días y el tiempo que vas a dedicar a cada actividad te será muy sencillo prepararte un cronograma o calendario detallado con todas las actividades a realizar.

A continuación te mostramos un ejemplo de cómo sería tu plan anual

Tabla 5A - Plan Anual Propósitos de Año Nuevo

Actividad	Meses											
	1	2	3	4	5	6	7	8	9	10	11	12
1 - Comer fruta y verdura	x	x	x	x	x	x	x	x	x	x	x	x
2 - Caminar	x	x	x	x	x							
3 - Correr				x	x	x	x	x	x			
4 - Ir al gimnasio						x	x	x	x	x	x	x
5 - Ir a clase de inglés									x	x	x	x
6 - Participar en encuentros de conversación										x	x	x

Deberías también realizar el plan mensual o semanal, dependiendo de tus actividades. El siguiente ejemplo te mostramos una posible planificación para el mes de Junio:

Tabla 5B - Plan Semanal - Junio

Actividad	Día de la semana						
	L	M	X	J	V	S	D
1 - Comer fruta y verdura	x	x	x	x	x	x	x
3 - Correr		x				x	
4 - Ir al gimnasio	x		x				

La realización de este tipo de calendarios, te ayudará a analizar y determinar si las actividades que quieres realizar se solapan unas con otras.

Completa el siguiente ejercicio con el Plan Anual para los Propósitos de Año Nuevo:

Ejercicio 5 - Plan Anual para el proyecto Propósitos de Año Nuevo

Actividad	Meses											
	1	2	3	4	5	6	7	8	9	10	11	12

Cuando nos planteamos una nueva actividad siempre debemos pensar y revisar no sólo nuestro presupuesto sino también los costes que conlleva realizar dicha actividad.

En las siguientes páginas vamos a revisar de forma sencilla cómo estimar los costes y compararlo con nuestro presupuesto.

La **planificación de costes** dentro de nuestro proyecto es un punto clave, debemos tratar de analizar todos los costes que conllevan nuestras actividades, desde comprarnos unas zapatillas nuevas para correr hasta el precio de la matrícula del gimnasio. Esto es crucial para conseguir realizar todas las actividades planificadas de forma coherente y no dejar de hacer una actividad por falta de dinero.

A veces no conocemos el importe exacto de cuánto dinero necesitaremos para cada actividad, a continuación vamos a utilizar una estimación.

Utilizaremos los valores:

Más probable (MP)	Optimista (O)	Pesimista (P)
Este valor suele estar basado en el más realista, es decir el que tiene más probabilidades	*Este se correspondería con el mejor escenario*	*Este valor se correspondería con el más pesimista*

Y por tanto el Coste Estimado (CE), se puede calcular con esta sencilla fórmula:

$$(MP + O + P)/3$$

Continuando con nuestro ejemplo:

Tabla 6A - Estimación de costes para el proyecto Propósitos de Año Nuevo

Actividades - Estimación de costes					
Actividad	Gasto	MP	O	P	CE
Actividad 1- Comer fruta y verdura	Compra semanal	30 €	15 €	45 €	30 €
Actividad 2 - Caminar	Zapatillas	60 €	50 €	100 €	70 €
	Chándal	50 €	35 €	100 €	61,7 €
	Chaqueta	75 €	60 €	150 €	95 €
Actividad 3 - Correr	Pantalón corto	20 €	15 €	35 €	23,3 €
	Camiseta	20 €	15 €	35 €	23,3 €
Actividad 4 - Ir al gimnasio	Matrícula	60 €	50 €	100 €	70 €
	Mensualidad	75 €	95 €	100 €	90 €
Actividad 5 - Ir a clase de inglés	Matrícula	60 €	50 €	100 €	70 €
	Mensualidad	30 €	20 €	40 €	30 €
Actividad 6 - Participar en encuentros de conversación	Gratis				

Puede parecer complicado y aburrido realizar este tipo de cálculos, pero hacer este tipo de análisis es altamente recomendable porque te ayudará a entender el dinero que vas a necesitar para realizar cada actividad.

Si definimos una cantidad de dinero para nuestras actividades podremos comparar si nuestro presupuesto se ajusta a los costes estimados.

A continuación vamos a mostrar de forma más detallada cómo se debería calcular el coste total de una actividad, incluyendo el coste estimado total (C.E.T) para todo un año.

Tabla 6B - Estimación de costes totales para la Actividad Número 4 – Ir al gimnasio

Actividades - Estimación de costes		
Actividad	Gasto	Coste Estimado
Actividad 4 - Ir al gimnasio	Matrícula	70 €
	Mensualidad	90 € al mes

Actividades - Estimación de costes		
Gasto	Coste Estimado (cálculo)	Coste Estimado Total
Matrícula	70 € – 1 único pago	700 €
Mensualidad	90 € por 7 meses	

Completa el siguiente ejercicio que te ayudará a estimar y entender los costes de todas tus actividades.

Ejercicio 6A - Estimación de costes totales por actividad para el proyecto Propósitos de Año Nuevo

Actividades - Estimación de costes				
Actividad	Gasto	MP	O	P

Ejercicio 6B - Estimación de costes totales por actividad para el proyecto Propósitos de Año Nuevo

Actividades - Estimación de costes			
Actividad	Gasto	Coste Estimado (cálculo)	Coste Estimado Total

En este punto deberías preguntarte:¿Cuál es el presupuesto del que dispongo para el gimnasio? ¿Coincide con el coste estimado? ¿Es mayor o menor? ¿Qué debería hacer ahora?

Pueden darse varias situaciones:

- Si tu coste estimado es mayor que el presupuesto que tienes, está claro que deberás adaptar tu actividad, por ejemplo, reduciendo un mes tu asistencia al gimnasio, buscando un gimnasio más barato o analizando si hay alguna oferta.

- Si tu coste estimado es menor que tu presupuesto, adelante, puedes continuar con esta actividad planificada.

Por lo tanto, cada vez que analices los costes de una actividad, recuerda siempre compararla con tu presupuesto. La siguiente imagen te ayudará de forma visual y sencilla a verificar los costes de tus actividades.

Figura 3 - Comparar costes de la actividad con presupuesto.

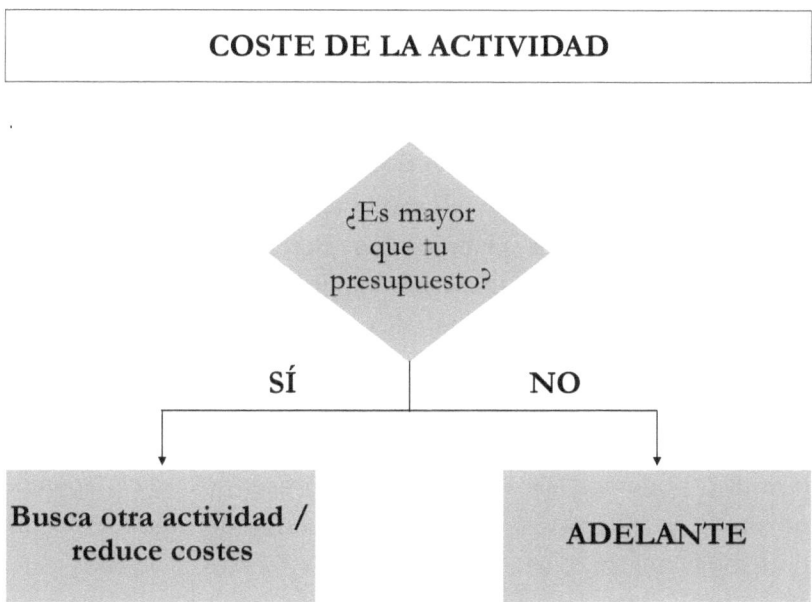

Generalmente se recomienda realizar actividades cuyo coste sea menor o igual al presupuesto, y hacer una reserva de presupuesto si se da el caso de necesitar un incremento de dinero para finalizar la actividad.

Conocemos las actividades, hemos planificado los costes, pero aún no hemos terminado con la planificación.

En todos los proyectos se debe tener en cuenta que los riesgos existen, es decir, siempre pueden ocurrir contratiempos que pueden retrasar o impedir que sigamos trabajando en nuestros objetivos de final de año.

El proceso **Planificar la Gestión de Riesgos** debe iniciarse tan pronto como se concibe el proyecto y debe completarse en las fases tempranas de la planificación. Ser consciente de los riesgos durante la etapa de planificación, implica: identificarlos, analizarlos y planificar una respuesta en caso de que se produzcan.

¿Cómo podemos saber si hemos contemplado todos los riesgos asociados a nuestro objetivo? La mejor manera es clasificarlos Por ejemplo, podemos clasificarlos en Internos (los que dependan de nosotros) y Externos (los que no dependan de nosotros). También podemos incluir otras categorías como Costes, Técnicos…u otras clasificaciones que te ayuden a identificarlos fácilmente.

Tabla 7- Identificar riesgos para el proyecto Propósitos de Año Nuevo

Número de Riesgo	Riesgo - Causa
R1	Mal tiempo (lluvia, viento, nieve..) - Nos impediría salir a caminar / correr
R2	Se estropea el coche - No podríamos asistir a las clases de inglés o al gimnasio
R3	Suben el precio del gimnasio - Debemos analizar de nuevo el presupuesto.
R4	Agujetas, Cansancio - Dejamos de ir al gimnasio cuando ya lo hemos pagado.
R5	Se suspenden los encuentros de conversación - No podemos practicar lo aprendido
R6	Se requiere material adicional para las clases de inglés (libros, dvd's…) - Debemos analizar de nuevo el presupuesto
R7	Cambio de horarios y solape de clases - Deberíamos dejar de asistir alguna de las clases

Completa el siguiente ejercicio con los riesgos asociados a tu proyecto:

Ejercicio 7- Identificar riesgos para el proyecto Propósitos de Año Nuevo

Número de Riesgo	Riesgo - Causa
R1	
R2	
R3	
R4	
R5	
R6	
R7	

Si bien es cierto, que los primeros días de ir al gimnasio puede que tengamos agujetas, lo que generalmente provocaría que se nos quitaran las ganas de volver, el haberlo identificado como riesgo, y tener un plan de acción para ello, nos hará ser conscientes de ello.

Además de clasificar los riesgos, muchas veces nos ayudará a entenderlos mejor si los analizamos e intentamos entender las probabilidades que tiene cada uno de ellos de para que se produzcan.

No, no, tranquilo, no te asustes. No vamos a hablar de probabilidades de esas que te intentaron explicar en el instituto y nunca entendiste. Tampoco vamos a explicarte complejas fórmulas estadísticas, ya que esta no es la intención de este libro. Te vamos a pedir que reflexiones un poco en los riesgos e indiques si la probabilidad de que se produzcan es alta, media o baja. Además puedes anotar notas al lado que te ayuden a entenderlo mejor.

Tabla 8A- Riesgos y Descripción para el proyecto Propósitos de Año Nuevo

Número Riesgo	Descripción
R1	Mal tiempo (lluvia, viento, nieve..)
R2	Se estropea el coche - No podríamos asistir a las clases de inglés o al gimnasio
R3	Suben el precio del gimnasio
R4	Agujetas, Cansancio.
R5	Se suspenden los encuentros de conversación
R6	Se requiere material adicional para las clases de inglés (libros, dvd's…)
R7	Cambio de horarios y solape de clases

Tabla 8B- Riesgos y Probabilidades para el proyecto Propósitos de Año Nuevo

Número Riesgo	Probabilidad
R1	Media-Alta - Durante algunos de los meses que hemos planificado ir a correr ya que es época de lluvias en la zona.
R2	Baja - El coche pasó perfectamente la última revisión.
R3	Medio - El gimnasio no se compromete a un precio fijo.
R4	Alto - Durante las primeras semanas.
R5	Alto - Al tratarse de un encuentro gratuito, existen probabilidades de cancelarse.
R6	Medio - Depende del profesor.
R7	Bajo - Los horarios son fijos.

Al igual que en casos anteriores te recomendamos que dediques unos minutos a analizar los riesgos de tu proyecto así como sus probabilidades, completando el siguiente ejercicio.

Ejercicio 8 - Riesgos y sus probabilidades para el proyecto Propósitos de Año Nuevo

Número Riesgo	Descripción	Probabilidad
R1		
R2		
R3		
R4		
R5		
R6		
R7		

Una vez hemos analizado los riesgos y sus probabilidades debemos planificar la respuesta a esos riesgos, es decir, desarrollar opciones y acciones que nos ayuden a mitigar,
reducir lo riesgos e incluso planificar una respuesta en caso de que el riesgo finalmente se produzca.

Sin entrar en mucho detalle, existen varias estrategias de respuesta a los riesgos. Para cada riesgo se debe seleccionar la estrategia o la combinación de estrategias con mayor probabilidad de eficacia. Las herramientas de análisis de riesgos, utilizadas por los gestores de proyecto, tales como el análisis mediante árbol de decisiones, pueden utilizarse para seleccionar las respuestas más apropiadas.

Existen cuatro estrategias que abordan las amenazas o los riesgos que pueden tener consecuencias negativas sobre los objetivos del proyecto en caso de materializarse, y son:Evitar, Transferir, Mitigar y Aceptar.

Mientras que las estrategias que se utilizan para la gestión de los riesgos positivos u oportunidades son: Explotar, Mejorar, Compartir y Aceptar.

Tabla 9 - Riesgos y sus respuestas para el proyecto Propósitos de Año Nuevo

Número Riesgo	Descripción	Respuesta
R1	Mal tiempo (lluvia, viento, nieve..)	Buscar un sitio público cubierto dónde poder realizar ejercicio.
R2	Se estropea el coche - No podríamos asistir a las clases de inglés o al gimnasio	Hemos revisado el horario de bus/metro y es conveniente en caso de necesitar utilizar el transporte público.
R4	Agujetas, Cansancio	Quedo con un amigo para que me presione/recuerde ese día que debo ir al gimnasio.
R3	Suben el precio del gimnasio	Estar pendiente de los precios de los otros gimnasios de la zona.
R5	Se suspenden los encuentros de conversación	Durante la hora semanal que asistimos a las clases de inglés, vemos una película en versión original.
R6	Se requiere material adicional para las clases de inglés (libros, dvd's…)	Nuestro vecino hizo el mismo curso el año pasado y le podemos pedir el material necesario.
R7	Cambio de horarios y solape de clases	Priorizar uno de los objetivos y reajustar la agenda.

Ejercicio 9 - Riesgos y sus respuestas para el proyecto Propósitos de Año Nuevo

Número Riesgo	Descripción	Respuesta
R1		
R2		
R4		
R3		
R5		
R6		
R7		

8 GRUPOS DE PROCESOS DE EJECUCIÓN

El propósito de los grupos de procesos de ejecución, es principalmente completar el trabajo. En el momento que ya tienes tus objetivos fijados y una buena planificación, llega el momento de la ejecución de tus objetivos.

Uno se siente confortable en el momento de ponerse manos a la obra, pues generalmente es más reconfortante meterse de lleno a la ejecución que estar preparando documentos, calendarios de actividades, analizando riesgos…Pero la ejecución será mucho más sencilla y llevadera si hemos realizado correctamente todos los procesos anteriores.

Es muy probable que al estar ejecutando las actividades planeadas detectes un riesgo que no estaba previsto o que tengas un problema con la gestión de costes; en ese momento será necesario actualizar las diferentes tablas y planes que has elaborado hasta el momento, por ejemplo, cambiando la duración prevista de actividades, o ejecutando las diferentes respuestas que habías planeado para los riesgos.

Recuerda que muchas veces es casi imposible planear y que todo salga perfecto, es importante reconocer en que punto nuestro plan empieza a fallar o está fallando, para poder responder y actuar de forma adecuada.

En caso de objetivos a corto plazo es recomendable siempre intentar perseguir un objetivo en cada momento, aunque pienses que eres capaz de realizar tareas en modo multigestión o multitarea.

Durante los últimos años a nivel internacional se están realizando estudios que desmontan los mitos de la multitarea.

Recuerda que nuestro cerebro, al fin y al cabo, no es un ordenador, y no está diseñado para trabajar en varias acciones al mismo tiempo, al menos, si queremos obtener un resultado aceptable. Por tanto muchas veces puedes perder eficiencia y calidad.

Prioriza tus objetivos y no te olvides de monitorear y controlar tus avances.

Ha llegado el momento de HACER todas las actividades que has planificado, recuerda el listado de riesgos que has anotado, y prepárate para su respuesta en caso de que se produzcan.

9 GRUPOS DE PROCESOS DE MONITOREO Y CONTROL

Son aquellos procesos que son requeridos para revisar el progreso y desarrollo de nuestro proyecto. Nos ayudarán a identificar aquellas áreas en las que debemos mejorar.

Pero, ¿Tienes claro qué debes controlar y monitorear? Es muy sencillo, lo mismo que has trabajado en el Grupo de Procesos de Planificación, es decir, los requisitos, las actividades y los costes. Así mismo, ten en cuenta que deberás actualizar el plan y los riesgos.

El beneficio clave de estos grupos de procesos radica en que vamos a medir y analizar en intervalos regulares nuestros progresos, evitando así desmotivarnos o abandonar nuestros Propósitos de Año Nuevo a mitad del camino que hemos emprendido.

Por ejemplo, si hemos observado que yendo tres días al gimnasio no estamos obteniendo el requisito esperado deberíamos asegurar que el requisito esté correctamente definido o si por el contrario debemos modificar las actividades. En este caso, consistiría en analizar si podemos acudir un día más a la semana al gimnasio.

Empezaremos monitoreando y controlando los requisitos. Cuando un requisito no se esté cumpliendo, puedes utilizar el siguiente diagrama para ayudarte a decidir qué es lo que debes revisar:

Figura 4 - Control de requisitos

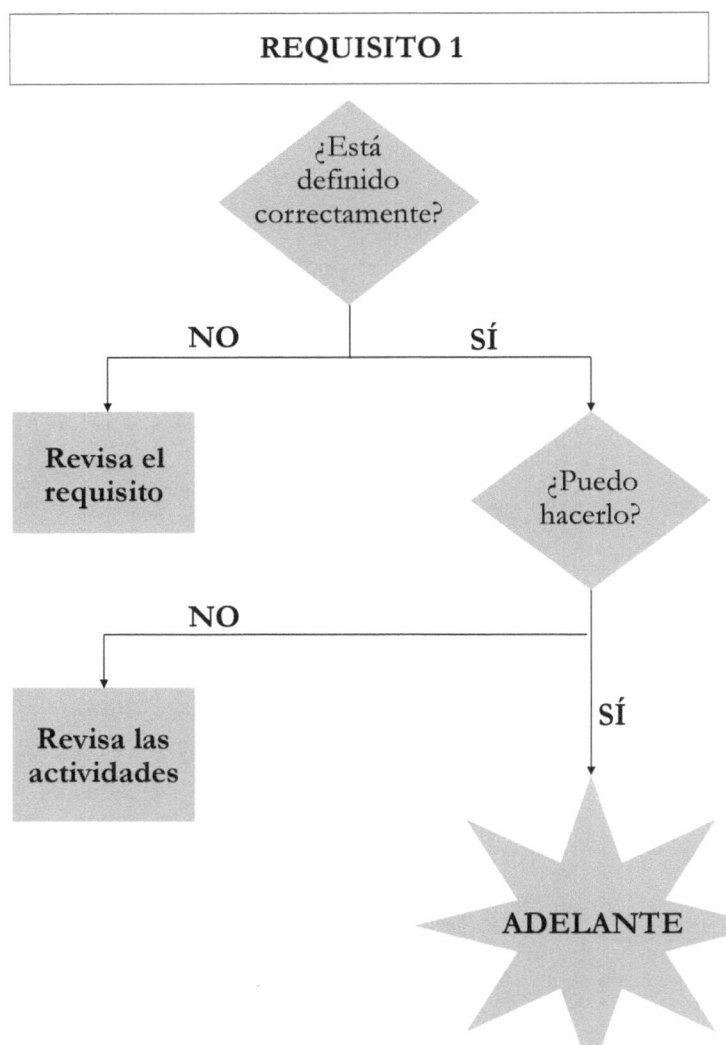

Recordemos los requisitos que definimos al principio del proyecto:

Requisitos	
Requisito 1	Salud: Perder 10 Kg, peso estar más sano y ágil.
Requisito 2	Profesional: Mejorar mi nivel de Inglés. Obtener el título B2.

Cada uno de ellos podremos monitorearlo y controlarlo de forma diferente, por ejemplo:

TABLA 10A - Monitorear y controlar requisitos para el proyecto Propósitos de Año Nuevo

	Requisitos	Tareas a monitorear y controlar
Requisito 1	Salud: Perder 10 Kg peso estar más sano y ágil.	Pesarse una vez a la semana. Ir al médico cada tres meses.
Requisito 2	Profesional: Mejorar mi nivel de Inglés. Obtener el título B2.	Revisar con la profesora los ejercicios y resultados de exámenes. Escuchar música en inglés y escribir lo que se entiende. Ver una película en inglés sin subtítulos.

Otra de las formas de monitorearlo y controlarlo sería anotando todas las veces que lo haces. Si estás intentando mejorar tu inglés, anota en una tabla cómo van progresando tus notas:

TABLA 10B - Monitorear y controlar requisitos para el Requisito 2 - Mejorar el nivel de inglés

Tareas	Semana 1	Semana 2	Semana 3	Semana 4
Nota de los ejercicios	5/10	5,5/10	5,5/10	6/10
Número de canciones que has intentando escribir y palabras correctas/incorrectas	2 Canciones - 7 verbos incorrectos	-	1 Canción - 3 sustantivos y 5 verbos incorrectos	-

Como en en los anteriores grupos de procesos te recomendamos que completes el siguiente ejercicio con aquellas ideas que tengas de cómo puedes monitorear y controlar tus requisitos.

Ejercicio 10 - Monitorear y controlar requisitos para el proyecto Propósitos de Año Nuevo

Requisitos	Tareas a monitorear y controlar
Requisito 1	
Requisito 2	
Requisito 3	
Requisito 4	
Requisito 5	

A continuación, deberías controlar cada una de las actividades, como puedes ver en el siguiente ejemplo:.

TABLA 11 - Monitorear y controlar actividades

Actividades - Recursos		
Actividad	¿Cumples la frecuencia?	Notas
Actividad 1- Comer fruta y verdura	SI	Sigo una dieta controlada por el médico y veo avances
Actividad 2 - Caminar	SI	Voy a caminar con un grupo de amigas/os
Actividad 3 - Correr	A veces	Voy sola/o
Actividad 4 - Ir al gimnasio	A veces	Voy sola/o
Actividad 5 - Ir a clase de inglés	SI	El profesor tiene mucha paciencia y he conocido gente nueva.
Actividad 6 - Participar en encuentros de conversación	SI	Estoy mejorando mi capacidad de comprensión oral, cuando escucho algo en inglés soy capaz de entenderlo mejor.

Al realizar las anotaciones, podemos ser más conscientes de los motivos que están influyendo en el desarrollo de las actividades y tomar una medida para mejorar.

Con el ejemplo anterior hemos detectado que si realizamos las actividades de manera solitaria nos está resultando más difícil completar el plan y mantener la frecuencia. Por tanto, deberíamos buscar alternativas, como por ejemplo, contactar con el equipo de atletismo del barrio, convencer alguno de tus allegados para que se apunte al gimnasio contigo o postear en Facebook si alguien se anima a preparase una carrera popular de 5 kilómetros contigo.

Las medidas para mejorar serán siempre más sencillas si tienes claro lo que está provocando que no cumplas el plan.

Recuerda completar el siguiente ejercicio con tus propias actividades para monitorear y controlarlas.

Ejercicio 11 - Monitorear y controlar actividades para el proyecto Propósitos de Año Nuevo

Actividades - Recursos			
Actividad	¿Cumples la frecuencia?	Notas	Acción para mejorar
Actividad 1-			
Actividad 2 -			
Actividad 3 -			
Actividad 4 -			
Actividad 5 -			
Actividad 6 -			

Es importante que no te olvides de monitorear y controlar los costes. Deberás decidir con qué frecuencia lo quieres hacer. Recuerda que lo importante es que no te pases del presupuesto.

Tabla 12 - Control de costes totales por actividad – Propósitos de Año Nuevo

Actividad 4 - Ir al gimnasio- Control de costes				
Mes 1	Mes 2	Mes 3	Mes 4	Coste total por actividad hasta la fecha
70 € matrícula + 90 € mes	90 € mes	90 € mes	90 € mes	**430 €**

Al controlar los costes podrás verificar si estás dentro de tu presupuesto o no. En el ejemplo anterior, se puede observar que el coste de la actividad hasta la fecha coincide con lo que habíamos presupuestado.

Sin embargo puede darse el caso que en el Mes 5 te plantees alquilar una taquilla en el gimnasio, lo que supondría un incremento de 5 euros cada mes. En ese caso, deberías preguntarte ¿puedo asumir ese incremento? ¿tengo una reserva de dinero para este gasto? y en función de tus respuestas deberás tomar una decisión de si alquilas la taquilla o no.

La frecuencia con la que debes analizar los costes, dependerá de la actividad, pero se recomienda al menos actualizarlo una vez al mes.

Completa el siguiente ejercicio con tus actividades y el control de costes de forma mensual.

Ejercicio 12 - Monitoreo de costes totales por actividad para el proyecto Propósitos de Año Nuevo

Actividad 1 - Estimación de costes por mes												
1	2	3	4	5	6	7	8	9	10	11	12	Coste total por actividad

Actividad 2 - Estimación de costes por mes												
1	2	3	4	5	6	7	8	9	10	11	12	Coste total por actividad

Actividad 3 - Estimación de costes por mes												
1	2	3	4	5	6	7	8	9	10	11	12	Coste total por actividad

Actividad 4 - Estimación de costes por mes												
1	2	3	4	5	6	7	8	9	10	11	12	Coste total por actividad

Cuando estás monitoreando y controlando el proyecto - Propósitos de Año Nuevo - puede que aparezcan riesgos que no habías anotado con anterioridad. Es por lo tanto importante que actualices la tabla de riesgos y sus posibles respuestas.

Además, puede ocurrir que durante la ejecución de tu proyecto - Propósitos de Año Nuevo-, también te puedan aparecer problemas económicos, incrementos de precios o de tasas que no tenías definidos. En estos casos, recuerda que debes gestionar el proyecto como los profesionales y debes revisar todos los aspectos que se han mencionado en los diferentes capítulos de este libro.

Y si no estás consiguiendo tus objetivos ¿Qué ocurre? NADA, en realidad, debes actuar como lo hacen los gestores de proyectos en sus trabajos diarios, revisar los requisitos, volver a planificar en función de los nuevos requisitos y ejecutar.

10 GRUPO DE PROCESOS DE CIERRE

Has completado todos los Propósitos de Año Nuevo, has conseguido tus objetivos, ya fuera perder peso, ir al gimnasio, dejar de fumar o aprender un nuevo idioma. Y te estarás preguntando…¿Ya he terminado? ¿Ya se ha terminado mi proyecto Propósitos de Año Nuevo?

La respuesta es sencilla.

NO

Aún te queda un poco de trabajo por hacer.

En la vida real, dependiendo de las situaciones, puedes pensar que un proyecto nunca llega a su fin. A veces los directores de proyecto deben modificar las fechas planificadas, lo que provoca que el proyecto se alargue. En otras ocasiones se han de ajustar los requisitos, provocando la furia de los clientes porque no se puede realizar todo lo que han solicitado. También, se han dado casos que simplemente los proyectos se paran, se abandonan, se terminan. Pero independientemente de lo que ocurra, todos han de pasar por un proceso de cierre.

Es un error bastante común olvidarse de los procesos. Las siguientes acciones, que consideramos muy valiosas, te ayudaran en la mejora de la planificación de tus proyectos o el año que viene los nuevos Propósitos de Año Nuevo.

- Confirmar que se han completado todos los Propósitos de Año Nuevo. En este punto no es válido admitir la típica frase "a medias". La respuesta ha de ser sencilla, Sí o No. Además recuerda anotar unas pequeñas frases para recordar cómo y por qué lo has conseguido, o no.

- Analizar si conseguiste completar los Propósitos de Año Nuevo antes de tiempo o con retraso.

- Recuerda que habías trabajado duro en la planificación del presupuesto, es el momento de darlo por cerrado y analizar si te has ceñido a él. Recuerda, que en caso de subscripciones a gimnasios, o pagos pendientes por algún tipo de clase de idiomas o música debes revisar que has pagado todas las cuotas. Además anota y completa todo el registro de costes.

- Lecciones aprendidas. Ser capaz de documentar las lecciones aprendidas o enseñanzas adquiridas una vez el proyecto ha llegado a su fin es una de las mayores responsabilidades al finalizar el proyecto. No se trata solo de concentrarse en los errores que se cometieron, sino también en las cosas que hicimos bien. La documentación de las lecciones aprendidas durante todo el proyecto Propósitos de Año Nuevo mejorará nuestra capacidad de planificación de proyectos futuros, nos ayudará a generar mejores propósitos no solo de Año Nuevo, sino en nuestra mejora tanto profesional como personal.

- Evaluar tu satisfacción. Es importante que pienses en cómo te has sentido, ¿ha sido eficiente el proceso? ¿Ha merecido la pena el esfuerzo realizado? ¿Estás contento con los resultados obtenidos?. Es muy beneficioso para cerrar los Propósitos de Año Nuevo que analices tu grado de satisfacción.

- Y POR ÚLTIMO, y no por ello menos importante.... **¡¡¡CELEBRAR!!!**. Tenemos en nuestro día a día miles de razones para celebrar, cumpleaños, aniversarios,...A nivel profesional y organizacional, ocurre lo mismo, deben reconocerse no solo los logros, sino la dedicación, el esfuerzo, el desempeño. Es por ello, que celebrar que hemos finalizado nuestros proyectos, en este caso que hemos cumplido NUESTROS Propósitos de Año Nuevo, va más allá de lo que algunos consideran una pérdida de tiempo, ya que como muchos investigadores han destacado, mejorará tu rendimiento y productividad.

Tabla 13 - Acciones de cierre del proyecto - Propósitos de Año Nuevo

Acciones de cierre del proyecto		
Acción	**Completado (SÍ/NO)**	**Notas**
Completados los propósitos	SI	
Se completaron en el tiempo establecido	NO	Necesitamos más meses de lo planificado para obtener el título de inglés.
Presupuesto	NO	Debimos aportar más dinero al aumentar los meses que asistimos a las clases de inglés
Lecciones Aprendidas	SI	Anotadas
Evaluar Satisfacción	SI	Experiencia positiva, la planificación ayudo a conseguir los objetivos
¡¡¡Celebrar!!!	SI	Cena con amigos

Llegó el momento, es tu último ejercicio. ¡Complétalo y podrás cerrar tus propósitos de este año!

Ejercicio 13 - Acciones de cierre del proyecto para el proyecto Propósitos de Año Nuevo

Acciones de cierre del proyecto		
Acción	**Completado (SÍ/NO)**	**Notas**
Completados los propósitos		
Se completaron en el tiempo establecido		
Presupuesto		
Lecciones Aprendidas		
Evaluar Satisfacción		
¡Celebrar!		

¡ENHORABUENA! Has finalizado tu primer proyecto Propósitos de Año Nuevo….¿Estás listo para empezar a planificar los del año que viene? Ahora ya tienes las herramientas y el conocimiento necesario para hacerlo como los profesionales.

¡Muchos ánimos!

ANEXO

Ejercicio 1 - Acta de constitución del proyecto – Propósitos de Año Nuevo

Nombre del proyecto - Propósitos de Año Nuevo
Fecha de inicio
Fecha de Fin
Project Manager
Identifica a los interesados
Objetivo principal del proyecto
Objetivos específicos
Alcance del proyecto
Fuera de proyecto
Recursos

Ejercicio 2 - Definir Requisitos – Propósitos de Año Nuevo

Requisitos - ¿Qué es lo que quiero conseguir? ¿A dónde quiero llegar?	
Requisito 1	
Requisito 2	
Requisito 3	
Requisito 4	
Requisito 5	

Ejercicio 3 - Definir Actividades – Propósitos de Año Nuevo

Número de Actividad	Actividades - Acciones
A1	
A2	
A3	
A4	
A5	
A6	
A7	
A8	
A9	
A10	
A11	
A12	
A13	
A14	
A15	

Ejercicio 4A- Estimar el tiempo de las actividades – Propósitos de Año Nuevo

Actividades - Recursos (tiempo)		
Actividad	Frecuencia	Duración de la actividad

Ejercicio 4B- Estimar el tiempo de las actividades – Propósitos de Año Nuevo

Actividades - Recursos (tiempo)		
Actividad	Periodo de tiempo en el que planificas realizar la actividad	Día

Ejercicio 5 - Plan Anual – Propósitos de Año Nuevo

Actividad	Meses											
	1	2	3	4	5	6	7	8	9	10	11	12

Ejercicio 6A - Estimación de costes totales por actividad – Propósitos de Año Nuevo

Actividades - Estimación de costes				
Actividad	Gasto	MP	O	P

Ejercicio 6B- Estimación de costes totales por actividad – Propósitos de Año Nuevo

Actividades - Estimación de costes			
Actividad	Gasto	Coste Estimado (cálculo)	Coste Estimado Total

Ejercicio 7- Identificar riesgos – Propósitos de Año Nuevo

Número de Riesgo	Riesgo - Causa
R1	
R2	
R3	
R4	
R5	
R6	
R7	

Ejercicio 8 - Riesgos y sus probabilidades – Propósitos de Año Nuevo

Número Riesgo	Descripción	Probabilidad
R1		
R2		
R3		
R4		
R5		
R6		
R7		

Ejercicio 9 - Riesgos y sus respuestas – Propósitos de Año Nuevo

Número Riesgo	Descripción	Respuesta
R1		
R2		
R4		
R3		
R5		
R6		
R7		

Ejercicio 10 - Monitorear y controlar requisitos – Propósitos de Año Nuevo

Requisitos	Tareas a monitorear y controlar
Requisito 1	
Requisito 2	
Requisito 3	
Requisito 4	
Requisito 5	

Ejercicio 11 - Monitorear y controlar actividades – Propósitos de Año Nuevo

Actividades - Recursos			
Actividad	¿Cumples la frecuencia?	Notas	Acción para mejorar
Actividad 1-			
Actividad 2 -			
Actividad 3 -			
Actividad 4 -			
Actividad 5 -			
Actividad 6 -			

Ejercicio 12 - Monitoreo de costes totales por actividad – Propósitos de Año Nuevo

Actividad 1 - Estimación de costes por mes												
1	2	3	4	5	6	7	8	9	10	11	12	Coste total por actividad

Actividad 2 - Estimación de costes por mes												
1	2	3	4	5	6	7	8	9	10	11	12	Coste total por actividad

Actividad 3 - Estimación de costes por mes												
1	2	3	4	5	6	7	8	9	10	11	12	Coste total por actividad

Actividad 4 - Estimación de costes por mes												
1	2	3	4	5	6	7	8	9	10	11	12	Coste total por actividad

Ejercicio 13 - Acciones al cierre del proyecto – Propósitos de Año Nuevo

Acciones de cierre del proyecto		
Acción	Completado (SÍ/NO)	Notas
Completados los propósitos		
Se completaron en el tiempo establecido		
Presupuesto		
Lecciones Aprendidas		
Evaluar Satisfacción		
¡Celebrar!		

www.ingramcontent.com/pod-product-compliance
Lightning Source LLC
Chambersburg PA
CBHW031923240526
45464CB00022B/673